# Tabl

# Aviso

Este libro no se debe utilizar como reemplazo de recibir ayuda médica o profesional. Si usted está experimentando miedos, ansiedades u otras emociones intensas que afectan su normal desempeño o si ha tenido pensamientos suicidas, busque atención médica inmediatamente.

# Introducción

Antes que nada, quiero felicitarte por haber tomado acción. La mayoría de las personas huyen de sus miedos en lugar de enfrentarlos, y el hecho de que hayas decidido comprar este libro habla de tu nivel de compromiso contigo mismo (a) para alcanzar una mejor calidad de vida.

Un muy pequeño porcentaje de la población actúa de esa manera, así que te puedes sentir privilegiado (a). Esa es la diferencia entre quienes solo sueñan con alcanzar algo y quienes en realidad lo logran.

Cuando le pregunto a las personas:

¿Cuál es el obstáculo número uno que te impide alcanzar la vida que quieres vivir?

Sin duda, la respuesta más común es el "Miedo".

El miedo tiene su utilidad, ya que es una herramienta de supervivencia que establece límites que nos protegen del peligro. Si no experimentáramos miedo, asumiríamos muchos riesgos innecesarios que podrían atentar contra nuestra vida.

Sin embargo, hay otros tipos de miedo que nos paralizan y no nos permiten avanzar a nuestro siguiente nivel e ir en búsqueda de aquellas cosas que queremos.

Tenemos miedo a muchas cosas, miedo a la muerte, a lo desconocido, la incertidumbre, al cambio, al fracaso, a la crítica, a no ser amados, valorados, etc. La lista es interminable.

Este libro no trata sobre el estudio del miedo, sino que ofrece diferentes rutas, tácticas y estrategias efectivas para derrotarlo.

Cuando empecé a investigar sobre el tema, traté de estudiar todo el material que pude al respecto. Mucho del cual en realidad no ofrecía buenas soluciones. De hecho, uno de los libros más vendidos en inglés sobre el tema se concentraba en una sola cosa:

Tomar acción.

Si bien es cierto que tomar acción es la respuesta ideal para derrotar el miedo, pareciera que la mayoría de los autores no entendían bien cómo las personas experimentan el proceso del miedo.

Si fuera tan sencillo como tomar acción, no estarías leyendo este libro.

El punto es cómo ir de la parálisis que ocasiona el miedo hasta el punto donde podemos tomar acción. Y ese es el desafío real.

Por lo que empecé a experimentar con todas las técnicas que encontré para enfrentar mis propios miedos y así poder descartar lo que no servía y dejar las estrategias que en verdad daban los resultados más rápidos y efectivos.

Así como un mecánico cuenta con varios tipos de herramientas para reparar un vehículo y selecciona la más idónea para cada situación, de la misma manera este libro busca darte el poder de resolver tus miedos.

La idea es que identifiques cuáles herramientas son las que más se adaptan a ti, las que mejor te funcionan en cada caso, de modo que puedas superar esas barreras que te limitan para que puedas vivir la vida de tus sueños.

# ¡Regístrate Ya!

Antes de empezar, te invito a entrar en esta página:

## www.alcanzatussuenos.com/sin-miedo

Ahí podrás recibir los **Bonos** que están incluidos con este libro, que te ayudarán a superar tus miedos.

Asimismo recibirás las instrucciones para participar en la comunidad de Facebook y recibirás material de apoyo y actualizaciones sobre este contenido.

Solo ingresa tu nombre y tu dirección de correo electrónico para recibirlo.

# El Primer Paso

Todo el que quiera tener la licencia de conducir aquí en el Estado de la Florida, tiene que leer un instructivo para pasar el examen teórico.

En ese instructivo se explica el concepto del punto ciego.

El punto ciego es una zona que por lo general está localizada en la parte trasera derecha de la mayoría de los vehículos. Cuando otro auto se coloca en ese punto, el conductor frecuentemente no puede verlo, lo que puede ocasionar accidentes.

Al igual que en los vehículos, los seres humanos tenemos "puntos ciegos" por llamarlos de alguna manera. Son áreas que tenemos que mejorar en nosotros mismos, pero no nos hemos dado cuenta de que tenemos que hacerlo.

Otras personas pueden verlas, pero para nosotros es como si no existieran.

Es por ello que el primer paso en toda transformación es reconocer lo que tenemos que cambiar. Si no estamos al tanto de qué tenemos que cambiar en nosotros mismos, ya perdimos la batalla.

Y cuando se trata de vencer el miedo, es lo mismo.

Tenemos que volvernos conscientes de dónde nos está afectando el miedo en nuestras vidas.

He escuchado a personas decir "yo no le tengo miedo a nada". Y esa es la peor posición que alguien puede tener para poder avanzar en la vida, ya que si estamos respirando, a algo le tenemos miedo.

Nuestro cerebro está programado para sentir miedo como un mecanismo de supervivencia que nos permite responder rápidamente a cualquier peligro. Pero como mencioné anteriormente, tenemos miedos que no son racionales, que nos frenan y no nos permiten desarrollar nuestro máximo potencial.

El detalle es que si no estamos conscientes de estos temores limitativos, ya perdimos la pelea, porque no podemos corregir algo que no reconocemos.

Así que el primer paso es preguntarnos:

¿Qué área de nuestras vidas está afectada por el miedo?

¿Cuál es la más urgente?

¿Dónde te sientes más estancado (a)?

¿En el área de relaciones, finanzas, profesional, bienestar y salud, espiritual, emocional, etc.?

¿De qué forma el miedo te está frenando en alguna de esas áreas?

Una vez realizado este inventario, podrás identificar cuál es el área que está más impactada por el miedo, para que puedas concentrar tus esfuerzos en ella y así poder maximizar los resultados.

# Con una condición...

En este libro voy a compartir varias estrategias poderosas y efectivas que puedes utilizar para vencer el miedo.

Pero antes de empezar, hay algo que tiene que cumplirse para que puedas ser exitoso (a) en esta aventura.

Si esta condición no se satisface, te recomiendo que no empieces a aplicar ninguna de las estrategias hasta que no alcances este punto.

La condición es que tienes que ESTAR LISTO (A) y COMPROMETIDO (A) PARA EL CAMBIO.

Dependiendo de qué tan arraigado estén tus miedos, superar el temor en ciertas áreas de nuestra vida puede ser una tarea muy difícil.

Para ello se necesitará un compromiso al 100% de querer lograrlo.

Si en este momento no tienes una convicción absoluta de querer cambiar esta situación, te recomiendo que pongas el libro a un lado y lo retomes cuando estés listo (a), ya que no existe estrategia o técnica que funcione si esta condición no se cumple.

Algo que te puede ayudar a llegar a ese punto es preguntarte:

¿Cómo será mi vida si no conquisto mis miedos?

¿Qué consecuencias habrá si sigo siendo dominado (a) por mis miedos?

¿Cómo afectará mis relaciones, mi carrera, mi salud, mis finanzas en el futuro?

La mejor manera de lograr este resultado es estar en el punto en que donde ya no quieres seguir viviendo de esta manera. El punto en que ya te cansaste de esta situación. Estás harto (a) de que el miedo te domine y te limite.

Una vez en este punto, ya puedes comenzar a emplear estas tácticas. Antes de que esto ocurra, nadie te puede ayudar a superarlo. Es algo así como dejar de fumar o perder peso. Nadie lo puede hacer por ti, y hay que estar en el punto donde se dice "hasta hoy fumo, me cansé, no quiero más" para empezar a usar la artillería.

# Fuego contra fuego

Según Tony Robbins, uno de los coach más exitosos del mundo, las dos fuerzas que más motivan al ser humano son el Placer y el Dolor.

De las dos, la más poderosa es el Dolor.

Y cuando hablo de dolor, no me refiero solamente al dolor físico, sino también al mental y emocional.

Los seres humanos somos capaces de hacer lo que sea para no experimentar dolor, y esto explica por qué tantas personas pierden la pelea contra el miedo.

El miedo está siempre relacionado con el dolor y no con el placer; es por ello que ha tenido las de ganar. Sin embargo, cuando vencemos nuestros miedos, lo que experimentamos es placer y, también en este caso, el placer no es más poderoso que el dolor para motivarte.

Por ejemplo, digamos que alguien tiene miedo a montarse en la montaña rusa. Esa persona probablemente tiene una neuro-asociación de dolor con respecto a la montaña rusa. Puede pensar que si se monta se va a caer, que el sistema de seguridad no va a funcionar, que el carro se puede salir del riel, etc.

Todas esas asociaciones mentales son dolorosas. No son divertidas para nada. Hay una asociación de dolor con el hecho de montarse en la montaña rusa.

Ahora bien, si esa persona se saliera de su zona de confort, se relajara y se monta en la montana rusa… ¿Qué ganaría?

La próxima vez que vayas a una montaña rusa, presta atención a la cara de las personas cuando se bajan. Están llenas de adrenalina, sonríen y muchos no pueden esperar a montarse otra vez.

La recompensa es placer.

Pero como ya discutimos, el placer es más débil que el dolor como factor de motivación. Nuestro cerebro dice: "Si sale mal, muero. Si sale bien, me da risa".

La relación riesgo/beneficio no justifica tomar acción. Hay mucho que perder y muy poco que ganar.

El problema es que la mayoría de nuestras neuro-asociaciones limitativas, generalmente se basan en fundamentos irreales.

En el caso anterior, nuestra mente piensa en la muerte como una consecuencia. Pero…

¿Es real esa asociación?

¿Cuál es la probabilidad de morir en la montaña rusa?

Probablemente primero te ganarías la lotería dos veces antes de morir en la montana rusa. Tenemos más riesgo al montarnos en un automóvil todos los días y, sin embargo, lo hacemos todo el tiempo.

Y seguramente es el caso de la mayoría de los miedos del ser humano.

Ahora bien…

¿Cómo podemos utilizar esta información para vencer nuestros miedos?

¡La respuesta es usar fuego contra fuego!

Déjame ilustrar esto con una historia.

Hace años escuché una charla del reverendo Robert Brumet. Él contaba que cuando era niño tenía un terrible temor a saltar de un trampolín alto en su pueblo.

No se atrevía ni a subir las escaleras, y las veces que llegó a subir se devolvía una vez que llegaba a la plataforma de lanzamiento.

Un día, volvió a subir al tope de la plataforma y llegó a montarse en el trampolín.

El miedo lo venció, no pudo dar el salto, y cuando se disponía a darse vuelta para bajarse del trampolín, se dio cuenta de que el niño más abusador, agresivo y malvado de su escuela estaba detrás de él.

Al ver esta situación, Robert saltó del trampolín y cuenta que fue una de las experiencias más excitantes y divertidas de su niñez. Al punto que volvió a la fila para saltar de nuevo.

Pero, ¿qué fue lo que funcionó esta vez?

Estoy seguro que ya lo tienes claro.

La alternativa a saltar del trampolín era más dolorosa que el acto de saltar.

Tener que enfrentar al abusador era más doloroso para él que saltar.

Era miedo contra miedo. Dolor contra dolor, ya no era dolor contra placer.

Si queremos derrotar al miedo, tenemos que usar el dolor y/o el miedo como arma.

Tengo que admitir que recientemente tuve una experiencia similar a la del reverendo Burke.

Fui a un parque de agua y, en la atracción más extrema del parque, me devolví de la plataforma de lanzamiento.

Una vez abajo, vi a un niño de aproximadamente 5 años bajar del tobogán del cual no me quise lanzar. La vergüenza de ver que un niño de 5 años tuvo el valor de lanzarse y yo no, me hizo subir las escaleras del tobogán y lanzarme inmediatamente.

La vergüenza fue una experiencia de dolor, que hizo que pudiera vencer el temor que había sentido.

Así que la forma de usar esta técnica, es crear una nueva neuro-asociación de dolor a NO TOMAR ACCIÓN.

Hasta ahora, tu mente ha tenido una asociación de dolor con el acto de tomar acción y vencer el miedo. La tarea ahora es crear una asociación de placer con tomar acción y una asociación de dolor con no tomar acción.

¿Cómo lograr esto?

Supongamos que estás en un trabajo donde ganas muy poco dinero, no te satisface y tienes miedo a tener tu propio negocio.

Tienes una asociación de dolor con dejar tu trabajo, porque piensas que si no cuentas con el cheque al final del mes, no vas a tener con qué pagar la renta, no vas a tener qué comer, tu esposa te va a dejar y todos te van a ver como un fracasado.

Eso tiene una gran asociación de dolor y, por ende, te limita a dar cualquier paso.

El primer paso, como ya dije, es crear una asociación de dolor con "no tomar acción". En este caso, hay que crear una asociación de dolor con no independizarte.

La mejor forma es crear una lista de consecuencias negativas relacionadas con no tomar acción.

Si lo hacemos con el ejemplo anterior, sería algo así como:

- Si sigo en el mismo trabajo, voy a seguir infeliz 8 horas al día, 5 días a la semana

- Voy a seguir haciendo algo que no me gusta ni me satisface por el resto de mi vida

- De igual forma, no me alcanza el dinero mientras estoy en este trabajo

- Me va a doler mucho cada vez que voy a retirar dinero y me doy cuenta de que no hay suficiente

- Me va a doler cada vez que mi hija me pida algo y no se lo pueda dar

- Me va a doler mucho si algún familiar se enferma y no le pueda ayudar

- Si sigo en este trabajo, no voy a poder retirarme joven y probablemente tendré que trabajar por el resto de mi vida.

Etc., etc.

La idea es crear una lista tan larga como sea posible y continuar agregando argumentos a diario. Si se te acaban las ideas, puedes decirle a alguien de confianza que te ayude a crear y agregar nuevos argumentos que a ti no se te ocurren.

El segundo paso es crear una lista de asociaciones de placer con el hecho de tomar acción.

En este ejemplo, sería algo así como:

- Si me independizo, no estaré sujeto a un horario y eso me permitirá estar más tiempo con mi familia, asistir a eventos a los que antes no podía ir

- Podré irme de vacaciones más a menudo y no estar sujeto a la aprobación de mi jefe

- Seré mi propio jefe y no tendré que aguantarle nada a mis superiores

- Podré trabajar en algo que amo y que siento satisfacción al hacerlo

- Podré vivir la vida en mis propios términos

- Podré hacer crecer mi negocio y retirarme joven

- Ya no tendré que hacer asignaciones improductivas y que no me gustan

- Tendré más dinero para ayudar a mi familia y a mis seres queridos, etc.

Al igual que en el paso número uno, la idea es seguir agregando argumentos a la lista para hacer más fuerte la asociación de placer con el hecho de tomar acción.

Paso tres: repetir a diario

Dedica unos minutos de tu tiempo, especialmente temprano en la mañana, a leer e internalizar estos argumentos. Agrega tantos como puedas. La repetición te va a ayudar a crear nuevas neuro-asociaciones que te facilitarán cambiar tu vida, tus reacciones y poder desarrollar tu poder interno de manera constructiva.


Puedes también utilizar esta pregunta para ayudarte a identificar argumentos de dolor:

- ¿Cómo lucirá mi vida en el futuro si no tomo acción?

Cuando tenga 80 años, mire hacia atrás y me dé cuenta de que no tomé acción:

¿Cómo me voy a sentir?

¿De qué cosas me habré perdido?

¿De qué me voy a lamentar?

# Sé gentil contigo mismo (a)

El año pasado recibí una noticia muy dura.

Mi mamá había ido de visita a nuestro país de origen, y estando allá sufrió un accidente cerebrovascular (ACV) que hizo que perdiera su independencia, el habla, el poder caminar, etc. Además, su delicado estado de salud no nos permitía traerla a EE.UU para que estuviera con nosotros.

Un día estaba manejando y me sentía muy triste, decaído, sin ánimos ni fuerzas. Al hacerme consciente de este estado, sabía que estaba manteniendo en mi mente un pensamiento falso o de miedo. Inmediatamente presté atención a lo que estaba pensando.

Había estado imaginando qué pasaría si mi mamá falleciera estando allá, cómo sería su entierro, etc.

Sin duda, al mantener esos pensamientos en mi mente, no podía haber otra forma de sentirme, sino deprimido.

De una vez empecé a cuestionar esos pensamientos y me di cuenta de que, como siempre, eran falsos. Porque sí, mi mamá estaba pasando una condición de salud difícil, pero estaba bien, estaba estable, bien cuidada, con todas sus atenciones médicas y sus necesidades cubiertas.

Además, entendí que la mejor manera de ayudarla era estar bien. Ya que si yo me deprimía, no iba a poder tenderle la mano, iba a afectar mi salud y mi entorno.

Al dejar de pensar las tonterías que pensaba, mi estado de ánimo mejoró y pude funcionar de nuevo.

Traigo esta historia al tapete, porque es la historia de muchos de nosotros.

Como dice Louise Hay, nos empieza a doler algo pequeño en nuestro cuerpo e inmediatamente empezamos a pensar "¿Y si es cáncer? Así se murió fulano, seguro no tiene cura", y empezamos a planificar nuestro entierro.

Todos pasamos por situaciones difíciles en algún momento, pero no hay que hacerlas más difíciles de lo que son.

Como decía Epícteto:

"No es lo que nos sucede lo que nos atormenta, sino lo que pensamos acerca de lo que nos sucede".

Mantener pensamientos de miedo en nuestra mente es debilitante.

Pero tú tienes control sobre tu mente. Tú tienes el poder de decidir qué pensar en cada momento de tu vida.

Los pensamientos de miedo llegarán a tu mente, pero es tu decisión si les ofreces una silla para que se queden.

Por el contrario, puedes cuestionarlos y sustituirlos. Y sustituirlos es tan fácil como preguntarte:

¿Qué puedo pensar en este momento que me haga sentir bien?

Y listo. Tu mente te dará la respuesta en milésimas de segundo para que cambies tu estado de ánimo.

Otra cosa que puedes hacer, es aprender a separar los hechos y la realidad de tu interpretación. Enfócate siempre en los hechos. Por ejemplo, en el caso anterior, el hecho era "mi mamá está enferma".

¿Cuál era mi interpretación?

Se va a morir.

Lo cual no tenía nada que ver con la realidad y los hechos.

Cuando aprendes a separar estas dos cosas y te deshaces de la interpretación, obtienes paz.

Byron Katie dice: "Solo tememos lo que no es verdad".

Cuando nos sentimos mal o sentimos miedo, es por que estamos manteniendo un pensamiento que no es real en nuestra mente.

Basta con identificarlo y cuestionarlo. Enfréntalo a los hechos y perderá el poder para atormentarte.

Constantemente desarrolla el hábito de mantener tu mente limpia de pensamientos de miedo. Recuerda que tienes siempre el poder de pensar lo que TÚ QUIERES. Estás siempre en control de decidir qué pensar.

Sé por experiencia que es más fácil decirlo que aplicarlo todo el tiempo. Ya que hemos estado condicionados por muchos años a pensar diferente y nuestro cerebro, si no lo entrenamos, tratará de traer pensamientos de supervivencia o miedo como opción predeterminada.

Tal vez estés leyendo este libro y dices, tiene sentido. Pero si mañana vuelves a tus viejos hábitos, nada habrá cambiado.

Nuestra mente es como un jardín. Si no quitamos constantemente las malas hierbas, se llenará de ellas. Es por ello que es muy importante en el día a día que llenes tu mente de cosas constructivas y positivas.

Enfoca tu atención en cosas edificantes, como leer libros de auto-ayuda, escuchar y ver videos de crecimiento personal, pasar más tiempo con personas positivas y alejarte de todos aquellos estímulos de miedo, como por ejemplo las noticias, amistades toxicas, etc.

Actividades como practicar deportes y meditación también tienen un efecto positivo y duradero para ayudarte a mantener una mente limpia y equilibrada.

Requiere trabajo, pero vivir libre de miedo vale la pena.

# La zona de confort

"Todo lo que deseas, está fuera de tu zona de confort"

No hay nada más peligroso que permanecer en la zona de confort.

Dentro de ella nada sucede. No hay progreso ni crecimiento, no hay desafíos ni recompensas. Es solo un lugar para tomar un pequeño descanso después de haber alcanzado algún logro, para retomar fuerzas e ir a nuestro siguiente nivel o desafío.

Si decides quedarte en ella, tarde o temprano la vida vendrá a sacarte a empujones. Y créeme que es mejor salir de ella por cuenta propia.

Vencer tus miedos no es otra cosa que salir de tu zona de confort para alcanzar crecimiento.

Puedes imaginar tu zona de confort como un círculo que contiene las cosas que has logrado. Y fuera de ese círculo están todas las cosas que quieres alcanzar.

Cada vez que nos acercamos al borde de nuestra zona de confort empezamos a experimentar miedo. Y mientras más cerca estamos de romper ese borde, mayor será la intensidad del miedo.

Cualquier cosa que hayas alcanzado, estuvo fuera de la zona. Si aprendiste a manejar un auto, la primera vez que estuviste al volante te sentías inseguro (a), con miedo, etc. De igual forma, si aprendiste a hablar otro idioma, las primeras veces que intentabas hablar frente a otros seguramente sentiste la incomodidad de salir de la zona.

Pero una vez que lo haces lo suficiente, ya lo haces con naturalidad y relajadamente. Ya ese logro quedó dentro de la zona.

Así que en la búsqueda de conquistar tus miedos, tendrás que pasar por ese proceso nuevamente. He conocido personas que cuando sienten mariposas en el estómago al tratar de tomar acción en algo a lo que temen, usan ese sentimiento como una señal de que están en el borde de la zona de confort. Y esto les motiva a seguir adelante y romper esta barrera.

Puedes usar esa herramienta, esa alarma para motivarte a dar ese impulso y llegar a tu siguiente nivel expandiendo tus límites.

# Tu peor enemigo

Los cabalistas no creen que exista una entidad con cachos y un tridente que quiere acabar con todos. De hecho, la traducción de la palabra Satán es oponente.

Ellos creen que todos tenemos un oponente interno que es el ego.

Bien sea cierta o no esta teoría, la verdad es que todos tenemos un ego, el cual, por cierto, no está nada interesado en nuestro crecimiento y desarrollo personal. No tiene ningún interés en que superemos nuestros miedos, por lo que sutilmente y de forma muy efectiva hará todo lo posible para que no intentemos vencer nuestros miedos.

¿Por qué ocurre esto?

Porque el ego es adicto al control, a la certidumbre. Quiere tener todo bajo control y que todo sea predecible.

Como ya he mencionado, uno de los miedos más comunes del ser humano es el miedo a lo desconocido, y ese comportamiento de nuestro ego explica por qué este miedo es tan común.

Ir en búsqueda de derrotar nuestros miedos significa entrar en un territorio desconocido y de incertidumbre, y nuestro ego no quiere por ningún concepto que esto suceda.

No estoy hablando de esto para desmotivarte, sino para que sepas a lo que te enfrentas. Si conoces las armas y el comportamiento de tu oponente, tendrás más oportunidades de ganar la batalla.

En el momento en que decidas ir en búsqueda de derrotar tus miedos, tu ego va a empezar a crear argumentos en tu mente para que te des por vencido.

Cuando tomes la decisión, tu cerebro va a generar pensamientos como:

- Mejor hoy no

- Tal vez mañana

- En realidad no es tan importante

- Estoy muy cansado (a), etc., etc.

Y lo importante es que el ego nunca se cansa.

Así que, ¿cómo podemos derrotar al ego?

En los próximos capítulos estudiaremos cómo hacerlo.

# ¿A quién le rindes cuentas?

Si hay una estrategia que recomiendo para vencer el miedo, es tener a alguien a quien rendirle cuentas de lo que intentas lograr.

En la batalla contra el miedo, es muy probable que tengas derrotas temporales, y es en ese momento cuando vas a necesitar a alguien que te dé apoyo y te ayude a continuar en el camino a pesar de cualquier revés.

Si no tienes a nadie a quien rendirle cuentas sobre tu progreso, será mucho más fácil darte por vencido (a). Total, si te rindes, nadie se dará cuenta y el ego habrá ganado la batalla.

Es por ello que recomiendo que tan pronto estés listo (a) para empezar a derrotar tus miedos, busques la ayuda de un coach o un psicólogo que te acompañe en tu travesía.

Tal y como los atletas de alto rendimiento tienen sus coaches personales que les motivan y le dan herramientas para el éxito, tú tienes que equiparte también para alcanzar tu máximo rendimiento.

No recomiendo usar algún amigo o familiar para rendirle cuentas. Esto porque pueden tener muy buena intención, pero como no tienen preparación para ello, y al no haber una estructura formal, puede que te ayuden una o dos semanas y después olvidarán el tema igual que tú.

En cambio, si ya tienes una estructura y sabes que tienes que ver a tu coach en una semana y rendirle cuentas de tu progreso, tendrás una motivación adicional para tomar acción.

Por ello, también es importante que inviertas dinero en el coaching.

¿Recuerdas lo de fuego contra fuego?

¿A quién le gusta tirar el dinero a la basura?

Si pagas por los servicios de un coach y no tomas acción para vencer tus miedos, estarás botando tu dinero a la basura, lo que creará una experiencia de dolor. Y el dolor, como ya hablamos, es la fuerza de motivación más fuerte que hay.

Asimismo, si tu coach te asigna una tarea, por ejemplo, enfrentar tus miedos 3 veces en una semana y llegas a la próxima consulta y no lo hiciste, te sentirás avergonzado (a) de no haber cumplido tu compromiso, lo que es otra experiencia dolorosa que se acumulará como combustible para vencer tus miedos.

Si tienes un plan de seguro médico, algunos de ellos, dependiendo del país donde estés, pueden cubrir los servicios de un psicólogo.

Recuerda, tanto los psicólogos como los coaches conocen y manejan herramientas con las que probablemente tú no estés familiarizado (a) y que te ayudarán a ser más exitoso durante el proceso. Te motivarán a levantarte y seguir adelante cuando enfrentes adversidades que son comunes en el proceso.

# Conocimiento y competencia

Imagina por un momento que estás volando en una avioneta pequeña. Solo están el piloto y tú.

De repente, el piloto te dice que se siente mal, te pide que aterrices la avioneta y se desmaya.

Probablemente, como la mayoría de las personas, entrarías en pánico y no sabrías qué hacer. El miedo te dominaría, sin duda.

Ahora imagina el mismo escenario, pero esta vez tú tienes 500 horas de vuelo en ese avión y más de 1.000 aterrizajes realizados.

¿Reaccionarías de la misma manera?

Obviamente no, pero…

¿Cuál es la diferencia?

El conocimiento y el tener competencia en el área.

Uno de los miedos más comunes de todos los seres humanos es el miedo a lo desconocido. La muerte es otro miedo común, pero a mi parecer, si supiéramos con certeza lo que pasa al morir, probablemente no tendríamos tanto miedo.

Así que, en cierto modo, el miedo a la muerte también es miedo a lo desconocido.

Para vencer los miedos, muy a menudo, adquirir conocimiento sobre aquello que enfrentamos puede ser una herramienta poderosa.

Por ejemplo, volvamos al caso anterior sobre alguien que tiene miedo de dejar su trabajo para independizarse. Si la persona siempre ha sido un empleado es común que exista el miedo a independizarse, ya que es un territorio desconocido para ella.

Sin embargo, si se empieza a buscar información sobre qué negocio se quiere montar, cuáles son los pasos para montarlo, se empieza a contactar clientes potenciales a quienes les gusta la idea y dicen que sí usarían tu producto o servicio, se obtiene asesoría de otras personas que se han independizado o que ya han tenido ese mismo negocio por años, se hacen cursos y se leen libros al respecto, etc., todo ese conocimiento adquirido irá incrementando el nivel de auto-confianza e irá reduciendo el nivel de incertidumbre respecto de dar el paso y tomar acción.

Hay que tener en cuenta de que nunca se tendrá el 100% de certeza. Tal cosa no existe, así que no esperes a tener certeza absoluta antes de tomar acción. Pero adquirir conocimiento puede reducir el riesgo considerablemente.

Dependiendo de qué sea lo que estés enfrentando, hoy en día tenemos más recursos de información que todos nuestros antepasados. Así que estamos en mejor posición para derrotar esos miedos.

Sitios donde puedes obtener información:

- Libros

- Foros en línea

- Páginas de Internet

- Videos en plataformas como Youtube

- Podcasts

- Redes sociales

- Comunidades en Facebook, Twitter, Google plus, meetup.com, etc.

- Grupos de ayuda (en iglesias, centros de salud, cámaras de comercio)

- Mentores, etc.

# Técnica de exposición

Para derrotar al miedo hay que enfrentarlo y hacer lo contrario a lo que el miedo sugiere.

El antídoto del miedo es tomar acción.

Tomar acción aun cuando se sienta miedo.

Esa es la definición de tener coraje.

Si alguien hace algo y no siente miedo, eso no es coraje. Coraje es actuar cuando se siente miedo de hacerlo.

Así que el objetivo no es dejar de sentir miedo. Hay miedos que desaparecen fácilmente, hay casos en los que el miedo jamás abandona a la persona. Pero si la persona puede funcionar, vencer la parálisis y tomar acción a pesar del miedo, ya ganó la batalla.

Para lograr esto, hay dos corrientes de opinión.

Una es enfrentar el peor de tus miedos constantemente hasta que ya no te paralice o no sientas miedo.

Si lo puedes hacer, es la vía más rápida para ganar la batalla.

Sin embargo, para algunas personas esto no es posible, ya que el miedo es demasiado fuerte para siquiera pensarlo.

En estos casos se puede hacer una exposición progresiva al estímulo.

La forma de hacer esto es escribir diferentes escenarios por grado de dificultad, como si fuera un video juego.

Si has jugado juegos de video, sabes que siempre se comienza por el nivel más fácil, y a medida de que nos volvemos más habilidosos avanzamos de nivel hasta que llegamos al final de máxima dificultad y rescatamos la princesa de Mario Bros.

Pues podemos diseñar nuestro propio juego de la batalla contra el miedo.

Por ejemplo, digamos que tienes miedo a hablar en público.

Y para ti el peor escenario sería hablar ante una multitud de más de mil personas.

Pues en ese caso, pongamos eso como el nivel 10.

Luego nos seguimos preguntando, ¿qué vendría antes?

Nivel 9: Pudiera ser hablar ante una audiencia de 100 personas

Nivel 8: Hablar ante 50 personas

Nivel 7: Hablar ante 12 personas que no conoces

Nivel 6: Hablar ante 10 personas de tu familia

Nivel 5: Hablar ante 5 personas que no conoces

Nivel 1: Hablar ante 3 amigos.

Aquí se trata de empezar en el nivel más bajo e ir subiendo poco a poco hasta que se pueda lograr el máximo nivel posible.

Al usar esta técnica es importante que se haga lo más frecuentemente posible para poder crear impulso y tener mejores resultados.

Si te expones al nivel 2 hoy e intentas el nivel 3 el año que viene, te va a ser muy difícil avanzar a los otros niveles.

Tienes que tratar de crear condiciones para enfrentar al estímulo tan seguido como sea posible.

Adapta este concepto al miedo que estés enfrentando.

Si tu miedo es a independizarte, puedes empezar por abrir el registro de tu compañía como nivel 1. Luego buscar el primer cliente y darle servicio en tu tiempo libre mientras estás aún empleado en tu empresa como nivel 2. Y así sucesivamente hasta que ya en el nivel 10 tengas tu empresa funcionando y pongas tu renuncia.

Ten en cuenta que siempre se tiene que sentir algo de incomodidad al hacer el nivel. Por ejemplo, si estás en el nivel 3 y lo haces sin problema o no sientes miedo al hacerlo, tienes que subir de nivel.

Puedes repetir un nivel cuantas veces quieras, porque eso aumenta tu nivel de confianza, pero lo importante es que sientas algo de incomodidad cuando lo haces. Si no sientes incomodidad, no repitas más ese nivel. Enfócate en el que sigue porque no estarías haciendo ningún progreso si te quedas ahí.

# Visualización

La técnica de la visualización es de gran ayuda para vencer tus miedos.

Uno de los objetivos más importantes para el éxito contra el miedo es la auto-confianza.

El punto a donde queremos llegar es sentir miedo y ser capaces de tomar acción a pesar del miedo.

Para ello me he dado cuenta de que hay un par de cosas que puedes repetirte antes de tomar acción.

Una es decirte:

"Yo puedo manejar esta situación".

Y la otra es decirte:

"Va a ser divertido".

Independientemente de si estas dos frases te ayudan o no, crear un patrón en tu mente de que puedes dominar la situación es uno de los métodos más efectivos para derrotar al miedo.

Y una de las mejores y menos intimidantes tácticas para lograr esto es la visualización.

La visualización se realiza colocándonos en un estado de relajación y luego recreando la situación que nos produce miedo en nuestra mente.

Cuando lo hacemos hay que imaginar dos escenarios:

El primero es crear mentalmente la situación en la que el miedo nos paraliza, vernos a nosotros mismos enfrentándola y teniendo un resultado positivo.

Este lo vamos a hacer la mayoría de las veces.

El segundo es crear la situación a la que tememos, con un resultado no favorable, pero donde nos vemos a nosotros mismos manejando la situación de forma positiva.

En cada ejercicio de visualización trata de imaginar unas 3 situaciones en las que las cosas salen como las queremos. Y una en la que no salen como queremos, pero luego tomamos acción para arreglar la situación y convertirla en algo positivo.

Volvamos al ejemplo de miedo a hablar en público. Te puedes imaginar hablando ante tres audiencias diferentes, haciéndolo con gracia y recibiendo una ovación del público al final.

En el ejercicio imagina que cometes un error en tu presentación o algo que te da miedo que pueda suceder. Mírate a ti mismo (a) riéndote de la situación y continuando con tu presentación después de corregir el error. Luego ve a la audiencia ovacionándote por tu presentación a pesar del error.

La idea es aumentar la confianza en ti mismo en situaciones favorables y desfavorables. Si llegamos a desarrollar la confianza de que tenemos el poder de sacar provecho a una situación desfavorable, el miedo no nos podrá paralizar.

En la sección extra que he creado en mi página, incluí un ejercicio de visualización que puedes utilizar a menudo para este objetivo.

**www.alcanzatussuenos.com/sin-miedo**

# Tu superhéroe interno

Si has superado alguno de tus miedos alguna vez, te habrás dado cuenta de que del otro lado del miedo te espera un sentimiento de euforia y satisfacción.

Nos sentimos como un superhéroe cuando lo logramos.

Sin embargo, cuando decidimos superar nuestro miedo, nuestro ego va a producir razones o excusas "válidas" de por qué no debemos actuar en ese momento.

En menos de un segundo y con gran eficiencia, nuestro cerebro va a producir varias razones que justifican el no actuar. Y así es como el ego nos gana la batalla.

Cuando trabajaba con mis miedos descubrí una cosa.

Nuestro cerebro tiene el mismo poder y eficiencia para crear soluciones que para crear las excusas.

Cuando estés a punto de tomar la decisión de actuar y vengan las dudas y las excusas de por qué no lo debes hacer, hazte esta pregunta:

**La persona en quien me quiero convertir, ¿qué haría en este momento? ¿Qué haría en esta situación?**

Te darás cuenta de que con la misma velocidad con que se producen las excusas, tu mente te traerá la respuesta. Confía en esa respuesta y actúa inmediatamente. Trata de que no exista ningún tiempo de espera entre el momento en que recibes la respuesta y el momento en que tomas acción.

Mientras más tiempo dejes de por medio, más oportunidad le das al ego de que contraataque.

Esa es una forma eficiente de conectarte con su superhéroe interno, que todos tenemos y que nos tiene la respuesta perfecta cuando la necesitamos.

Pregúntale, confía en él, actúa y verás cómo te conectas con tu máximo potencial interno sin ningún problema.

# Usa un retenedor

Años atrás fui al ortodoncista y me recomendó un sistema novedoso para alinear mi dentadura que se llama Invisalign. Si no lo conoces, son como unos frenillos transparentes que te alinean los dientes mucho más rápido que los sistemas convencionales.

Cuando terminé el tratamiento, mi ortodoncista me dio un retenedor y me dijo que tenía que utilizarlo, ya que los dientes tienen una "memoria" de la posición en que estaban antes, y si no usaba el retenedor se moverían hacia su posición original y se desalinearían nuevamente.

Traigo esta historia a relucir, porque es una analogía de la cual hay que estar muy pendiente.

Estoy convencido de que no solo nuestros dientes tienen esa "memoria", sino que tenemos algo en nosotros que hace que nuestro comportamiento responda a la misma dinámica.

Cuando por fin logramos derrotar viejos hábitos, muchas personas con el tiempo vuelven a sus hábitos antiguos. Esto lo vemos en las personas que tratan de perder peso, que dejan el cigarrillo, etc. A menudo se hacen hasta operaciones de bypass gástrico y al cabo de unos años, tienen sobrepeso de nuevo.

Es por ello que es recomendable que una vez que hayas superado tus miedos, sigas con visitas de mantenimiento a tu coach cuando sea necesario. Tal vez cada seis meses o si llegaras a tener una recaída.

Hay ciertos miedos cuyo estímulo no está presente todos los días. Por ejemplo, si tienes miedo a la montaña rusa, nadie se monta en ella todos los días o todas las semanas.

Es normal que si superaste el miedo, pero no te has montado en una montana rusa en dos años, cuando lo intentes, es probable que la primera vez experimentes miedo o parálisis y no puedas tomar acción.

He visto que cuando el estímulo no es enfrentado constantemente, el miedo puede volver y generar parálisis nuevamente. Si esto sucede, no te desanimes. La buena noticia es que no te tomará tanto esfuerzo como la primera vez.

Usualmente, al volver a implementar las estrategias que te dieron resultados antes, vuelves al nivel donde estabas mucho más rápido.

Por supuesto, puedes volver a usar tu coach o todo aquello que te ayudó en el proceso. Lo importante es no darse por vencido o pensar que todo el esfuerzo fue en vano, porque no lo fue.

# ¿Qué es lo peor que puede pasar?

Voy a compartir otra técnica que puedes usar para vencer el miedo.

Muchos de nuestros miedos y/o ansiedades surgen cuando nuestra mente, bien sea de forma consciente o inconsciente, se proyecta a futuro y se imagina un resultado catastrófico.

Por ejemplo, si alguien toca a tu puerta y cuando te asomas ves a dos policías, ninguno de nosotros pensaría que nos ganamos un premio de la alcaldía y la policía viene a entregárnoslo.

Por el contrario, seguramente nos pondríamos nerviosos aunque no hayamos hecho nada malo.

La gran mayoría de estos miedos no tienen fundamentos. Y la razón es que ninguno de nosotros, por más psíquicos que nos creamos, tiene la capacidad de predecir el futuro. Si así fuera, no estarías leyendo este libro y probablemente serías empleado de la NASA o algo por el estilo.

Así que como no tenemos esa capacidad, estresarnos por algo que no sabemos si va a suceder (y probablemente nunca suceda) no tiene objeto.

Te voy a presentar un ejercicio que te ayudará a desarmar esas suposiciones falsas y a vencer el miedo y la ansiedad de una vez por todas.

Vas a necesitar entre media hora o una hora para hacerlo, pero bien vale la pena.

El ejercicio es sumamente simple de llevar a cabo.

Paso 1:

Toma una hoja de papel y divídela en dos columnas.

Luego te vas a hacer esta pregunta:

¿Qué es lo peor que puede pasar?

Y las diferentes respuestas que obtengas, las vas a poner en la columna de la izquierda. Escribe todos los escenarios negativos que vienen a tu mente.

Luego, del lado derecho, vas a escribir diferentes acciones que puedes tomar para prevenir o minimizar los efectos del escenario negativo.

Por ejemplo:

Supongamos que tienes miedo escénico. Que te da miedo hablar en público, y te haces la pregunta:

¿Qué es lo peor que puede pasar si estoy hablando en público?

| Escenario negativo | Cómo minimizarlo |
|---|---|
| Tengo miedo de estar haciendo una presentación en público ante una audiencia y que como resultado de los nervios quede en blanco. Que todo se me olvide y no sepa qué decir y haga el ridículo. | - Voy a preparar una presentación en PowerPoint que tenga las palabras que debo decir paso a paso. De modo que si me bloqueo, puedo empezar a leer directamente de la diapositiva y problema resuelto.<br><br>- Voy a imprimir esta presentación en papel y la voy a tener conmigo. Así, si el proyector no funciona o pasa algo, igual tendré un respaldo en mis manos que puedo leer y entonces no habrá riesgo de que algo se me olvide. |
| Tengo miedo de que alguien en la audiencia me haga una pregunta de la cual no me sepa la respuesta y eso me avergüence delante de todo el mundo. | - En realidad, nadie lo sabe todo. No hay nada de malo en decir "Esa pregunta es muy interesante y, para ser honesto, no tengo la respuesta. Si gusta, me puede dejar su |

| | dirección de correo electrónico. Voy a investigar sobre el tema y cuando tenga la respuesta se la haré llegar por esa vía. Si alguien más está interesado, puede anotar su dirección de correo en la misma hoja y les enviaré la respuesta también". De esa forma no solo responderé a la inquietud, sino que puedo seguir creando una relación con mi audiencia a través del correo electrónico.<br><br>- Puedo preguntar a la audiencia si alguien conoce la respuesta. De esta forma hago la presentación más participativa y aprovecho el conocimiento colectivo, donde muy probablemente puede haber alguien que sepa la respuesta. |
|---|---|

Paso siguiente, es desarrollar un plan donde vamos a colocar en nuestro calendario cuando vamos a empezar a tomar esas acciones, para asegurarnos que no se queden solo en el papel.

Este ejercicio es bastante poderoso, ya que nos ayuda a desarmar nuestras falsas creencias. Pone en perspectiva la situación y nos demuestra que podemos solucionar y manejar con eficiencia los diferentes escenarios que nos hemos creado en nuestra mente.

También podemos pedir ayuda a alguien de nuestra confianza, en caso de que necesitemos creatividad a la hora de producir formas de minimizar los posibles escenarios negativos. Mientras más opciones tengamos del lado derecho, más seguros nos sentiremos de seguir adelante y no dejarnos paralizar por el miedo.

# Interrupción del patrón

Como habíamos comentado antes, muchos de nuestros hábitos están guardados en nuestra mente inconsciente. Esto nos ayuda a ser mas eficientes, ya que podemos usar nuestra mente consciente para otras funciones, mientras la mente inconsciente coordina procesos que inicialmente fueron muy complejos como caminar o manejar bicicleta.

Es por ello que muchos hábitos son útiles. El hecho de despertarnos a la misma hora, empezarnos a arreglar, a vestir, a preparar desayuno de la misma forma, nos ayuda a cumplir con nuestras obligaciones más fácilmente.

Sin embargo, hay otros hábitos o respuestas automáticas que no son útiles y que, por el contrario, nos limitan.

La mayoría de nuestros miedos responden a un patrón establecido en nuestra mente. Empezamos a experimentar cambios fisiológicos al enfrentar al estímulo.

Por ejemplo, podemos empezar a sentir una sensación de vacío en nuestro estómago, podemos sentir debilidad en las piernas, empezar a sudar, etc., cuando consideramos la idea de enfrentar aquello a lo que tememos.

Para romper con eso podemos emplear la programación neurolingüística a través de la interrupción del patrón.

Nuestro cerebro ya tiene creada una respuesta automática cuando se le presenta el estímulo que nos produce miedo.

Inmediatamente comienza un proceso automático que nos lleva a experimentar la respuesta física condicionada por el miedo.

La técnica de la interrupción del patrón busca romper con el proceso ya establecido, para implantar un patrón nuevo que genere una respuesta diferente y que esta repuesta quede grabada en la mente de la persona en sustitución de la anterior.

Un típico ejemplo de interrupción del patrón es cuando un niño pequeño se molesta por algo, empieza a llorar y alguien viene de inmediato y le enseña su juguete preferido o algo nuevo que nunca ha visto que le llame mucho la atención. En la mayoría de los casos cuando se hace bien, el niño deja de llorar de inmediato y ya no se acuerda de por qué empezó a llorar y su estado de ánimo cambia

Otro ejemplo es cuando estamos hablando de un tema que nos parece interesante y alguien entra bruscamente y nos interrumpe por completo. Luego tratamos de retomar el tema y no hay forma de que nos podamos acordar de qué estábamos hablando, con todo y que estábamos bien involucrados en la conversación.

Eso es una interrupción del patrón.

Nuestro cerebro tiene dificultades para retomar un patrón cuando este es interrumpido de forma impactante.

Cuando se hace una interrupción del patrón de forma efectiva, nuestra mente entra en un estado de confusión o amnesia temporal.

La idea es usar esta misma técnica para romper con el patrón del miedo.

En el momento en que pensemos en el estímulo, tenemos que implementar una interrupción del patrón antes de que el cerebro inicie la respuesta pre-programada.

Un patrón puede ser interrumpido por un movimiento o acción brusca e inesperada. El humor y la risa son excelentes herramientas para interrumpir un patrón.

Tú puedes crear una interrupción del patrón por ti mismo (a), pero lo ideal sería contar con la ayuda de alguien para implementar esta técnica.

Si cuentas con la ayuda de un coach o un terapeuta que tenga experiencia con esta técnica, sería lo ideal, pero voy a describir cómo hacerlo.

Lo primero es observar el patrón.

¿Cuál es su ruta?

¿Cómo comienza?

¿Cómo progresa?

Luego, hay que crear una interrupción que no tenga nada que ver con el comportamiento o la respuesta típica.

La interrupción debe ocurrir lo más temprano posible, justo en el momento en que la persona empieza a experimentar la respuesta habitual. Las personas generalmente cambian su lenguaje corporal, sus expresiones, etc., al momento de empezar el patrón.

Justo a la primera señal de estos cambios, tiene que interrumpirse.

Por lo general, esto ocurre al presentarse el estímulo. Por ejemplo, si la persona tiene miedo de entrar a un elevador, le puedes pedir que se imagine entrando al mismo y viendo cómo se cierran las puertas en su mente. Al hacerlo, se notarán cambios como una expresión de miedo o ansiedad. Justo en ese momento, debe hacerse la interrupción.

Una forma de detectar el momento, es pedirle a quien experimenta el miedo que lo haga varias veces. De modo que quien observa el patrón, identifique los cambios con mejor exactitud.

La mayoría de las veces, se notará que la persona ve dentro de sí misma y se podrá observar cierta alteración física y emocional.

El punto es hacerlo justo antes de la transición.

La interrupción deber ser brusca, no tímida ni suave, para que sea efectiva, y se deberá hacer repetidamente para que el nuevo patrón quede registrado.

La idea es captar su atención, y como ya mencioné, una de las mejores formas de hacerlo es a través del humor.

Si se utiliza el humor y la interrupción del patrón fue efectiva, al presentarse el estímulo, la persona probablemente sonreirá al enfrentarlo, en lugar de intimidarse.

Recuerda:

- Trata de hacer algo inesperado

- Que sea abrupto e impactante

- Mientras más grande y más extremo, mejor

- Que rompa con lo esperado o con lo que la otra persona pueda anticipar

- Que vaya en contra de las normas convencionales será de gran ayuda.

# Cuerpo sobre mente

Hasta ahora, las técnicas que hemos analizado se basan en utilizar nuestra mente para cambiar nuestra respuesta física a las diferentes situaciones.

En esta oportunidad vamos a emplear lo inverso. Vamos a usar nuestro cuerpo para cambiar nuestra mente.

Esta técnica funciona muy bien cuando hay estados de ansiedad o cuando el efecto del miedo es muy fuerte y constante.

La programación neurolingüística también ha demostrado que cuando cambiamos la manera en que usamos nuestro cuerpo, cambiamos nuestro estado mental.

Para lograr esto, lo primero que vamos a hacer es volvernos conscientes y estar al tanto de  nuestros cambios físicos en el momento en que sentimos miedo.

Trata de cerrar tus ojos y recrea la situación que te produce miedo. Permítete experimentar el miedo y luego presta atención a lo siguiente:

¿Cómo es tu postura cuando sientes miedo?

¿Cómo es tu respiración?

¿Es lenta o rápida?

¿Profunda o superficial?

¿Cómo son tus gestos faciales?

¿Cómo colocas tus hombros, tus brazos, etc.?

Una vez que identifiques tu esquema físico en estado de ansiedad o miedo, lo siguiente es romperlo o adoptar uno nuevo. Específicamente, debemos tomar nuestra postura de poder.

Para el segundo paso, te recomiendo que estés en un sitio solo (a) si te preocupa hacer el ridículo ante otros. La idea es que puedas actuar lo más libremente posible sin ninguna inhibición.

Piensa en un momento en que venciste tu miedo y te sentiste como superman (si lo has hecho alguna vez).

Si no, piensa en alguna oportunidad en que lograste algo muy sobresaliente:

- Revive ese momento en tu mente, amplifícalo 10 veces y vívelo en tu cuerpo como si lo estuvieras viviendo en la realidad.

- Amplifícalo ahora 30 veces más y revívelo en tu cuerpo.

- Ahora amplifícalo 100 veces más.

- Vívelo al máximo, lo más que puedas.

Ahora presta atención a tu cuerpo.

¿Cómo está la expresión de tu cara?

¿Cómo está tu respiración?

¿Cómo están tus hombros, tus brazos?

¿Cuál es tu postura?

**Esa es tu postura de poder.**

Cada vez que te sientas mal, triste, con miedo, ansiedad, etc., rompe con tu esquema físico en ese momento y adopta tu postura de poder.

Eso va a cambiar de inmediato cómo te sientes y cómo actúas.

Como mencioné antes, si el estímulo es muy fuerte o constante, es probable que tengas que adoptar un cambio físico más fuerte. Por ejemplo, hacer ejercicios aeróbicos como correr, practicar algún deporte, ver un video de ejercicios y hacer lo que hacen en el video, etc.

Bailar también es sumamente efectivo.

Hace años observé que a las mujeres les gusta bailar, incluso más que a los hombres. Esta observación puede ser cierta o no, pero basado en mi observación le pregunté a una amiga por qué creía ella que a las mujeres les gustaba tanto bailar y me dijo:

"Porque no se puede bailar y estar triste al mismo tiempo".

Sabia respuesta.

Así que si tienes miedo o no te sientes al 100%, ya sabes qué hacer.

Usa tu cuerpo y la mente no tendrá otra opción más que obedecer.

# Miedo a la muerte

Hace años, mientras llevaba a mi mama a la entrevista de Inmigración para que le dieran su residencia estadounidense, tuve que contratar a una traductora, ya que mi mamá no hablaba inglés y era un requisito en esos casos contratar a un intérprete.

Esta señora estaba leyendo un libro llamado Proof of Heaven (Evidencia del cielo), escrito por Eben Alexander, neurocirujano graduado en Harvard. En este libro, el doctor cuenta cómo él estaba en estado de coma con una meningitis tan severa que su cerebro no podía clínicamente producir ningún tipo de pensamiento.

Sin embargo, en esa experiencia cercana a la muerte, el doctor cuenta que tuvo vivencias en otro plano que es aun más real que en el que vivimos.

Cuando le pregunté a la intérprete por qué estaba leyendo ese libro, me contó que ella había tenido una experiencia similar. Había tenido un accidente en el cual sus signos vitales desaparecieron, su corazón se detuvo, etc.

Ella podía verse a sí misma desde fuera de su cuerpo y tuvo un encuentro con su padre, que ya había fallecido. Luego vio como los paramédicos la revivían y volvió a tener consciencia en su cuerpo.

No obstante, cuenta que esa experiencia en el otro lado era tan bella que cuando se vio nuevamente en su cuerpo, decidió devolverse y su corazón se detuvo nuevamente. Los paramédicos seguían luchando para revivirla y lo lograron una vez más, pero ella no quería volver y otra vez su corazón se detuvo.

Hasta que finalmente recibió el mensaje de que tenía que volver y hoy vive para contarlo.

El miedo a la muerte es uno de los miedos más comunes de los seres humanos, ya que por naturaleza solemos temer a la incertidumbre, y qué puede ser mas incierto que lo que sucede después de la muerte.

No es mi intención proponer ninguna idea religiosa sobre el tema. Pero dado que es un miedo común, creo que es importante tener herramientas que nos puedan ayudar a lidiar con esto.

Por ello voy a compartir la forma en que yo lo manejo y me da paz, y ojalá te pueda ser de ayuda para manejar este temor.

No importa cuán religiosos podamos ser, la incertidumbre puede estar ahí presente siempre.

Al fin y al cabo:

¿Quién lo puede asegurar con exactitud y 100% de certeza?

Yo no he estado muerto. Y si lo estuve, no recuerdo cómo es.

Así que tengo dos opciones:

1- Puedo pensar que al morir voy a vivir eternamente en un sitio lleno de llamas donde hay un sufrimiento interminable.

2- Puedo analizar que vivo en un planeta que está ubicado a la distancia perfecta del sol; un poco más cerca o más lejos y toda la vida del planeta sería imposible. Además, las órbitas de todos los planetas y galaxias se mueven de manera perfecta para que la vida pueda existir en la tierra.

Hay un balance perfecto de hidrógeno, oxígeno, carbono, nitrógeno, etc., cuyos átomos encajan perfectamente para que yo pueda existir. Un pequeño desbalance en cualquiera de esos elementos y yo no podría existir.

¿Podría todo esto suceder sin que existiera una inteligencia que lo mantenga todo en orden para yo poder estar aquí?

ELIJO creer que no. Sería demasiada coincidencia. Así que escojo creer que esa misma inteligencia que hizo todo eso para que yo existiera, se va a encargar de mí cuando muera de la misma forma en que me trajo.

¿Estoy 100% seguro de eso?

No. Pero tampoco abrazo la opción 1.

Ahora bien, si escojo creer la opción 1…

¿Cómo voy a vivir?

Pues aterrorizado y con mucha ansiedad, no puede ser de otra manera.

Pero si elijo la segunda opción, al menos puedo vivir en paz, auto-realizarme, funcionar, progresar y ser feliz.

El día que suceda, lidiaré con ello. Antes, solo puedo crear ansiedad por algo que desconozco.

Sin embargo, hay personas como la traductora que mencioné o el Dr. Eben Alexander que han tenido experiencias temporales cercanas a la muerte. Es interesante que hay evidencias documentadas de personas que han muerto clínicamente y han regresado desde hace más de 3.000 años, y quienes las han estudiado observan similitudes impresionantes en los relatos.

Una de las estrategias que mencioné para vencer el miedo es el conocimiento. Tal vez el aprender un poco sobre ellas te podría ayudar a bajar los niveles de ansiedad y miedo con respecto a la muerte.

Cuando a Wayne Dyer le preguntaron en una entrevista qué pensaba de la muerte, dijo "Estoy entusiasmado de que algún día llegue".

Es posible vivir en paz con la idea de la muerte.

En mi canal de Youtube tengo una breve entrevista de Wayne Dyer con Anita Moorjani, quien también tuvo una experiencia cercana a la muerte y describe en detalle lo que vivió.

Puedes encontrarla en Youtube buscando en la barra de búsqueda así: "vida después de la muerte elvisdbeuses"

Ayuda adicional

Algunas personas experimentan miedos muy intensos, así como también ataques de ansiedad, etc.

Si el estímulo del miedo y los pensamientos son muy intensos, es recomendable buscar ayuda profesional.

En muchos casos, así como se produce la hipertensión arterial, la diabetes, etc., muchas enfermedades se pueden originar por desbalances bioquímicos que pueden tener diferentes causas. Así como estos desbalances bioquímicos producen estas enfermedades crónicas, muchas veces también se pueden crear condiciones emocionales producto de estas deficiencias.

Así que no está de más que consultes con un profesional de la salud, si ves que estos miedos o ansiedades están afectando tu normal desempeño, tu calidad de vida, calidad de sueño, paz mental, etc.

No esperes para hacerlo, ya que si es tu caso, mientras más rápido tomes acción, más rápido podrás disfrutar de los resultados.

Pero sí es muy importante descartar este tipo de causas.

# Una última técnica

No podía terminar este libro sin consultarle a mi mentora, la Dra. Cibeles Hernández, su opinión acerca de cómo puede alguien superar sus miedos.

Ella dice que todos creamos una trama mental que es la causante de nuestros miedos. Por lo general, esta trama se origina a temprana edad en nuestras vidas como resultado de alguna experiencia que tuvimos.

A lo largo de nuestra vida, empezamos a buscar evidencia que confirma que esa trama mental es verídica, a pesar de que también experimentamos experiencias que prueban que la trama es falsa. Sin embargo, no prestamos mucha atención a las evidencias que la invalidan, sino que prestamos atención a las evidencias que la refuerzan.

La solución:

1. Empezar a indagar en nuestro pasado sobre cuáles son las experiencias que han "validado" nuestra trama mental acerca del miedo.

2. En lo posible, identificar la experiencia original que creó la trama mental.

3. El paso más importante: Empezar a buscar evidencia en la vida real (bien sea en nuestra vida o en la vida de otros) que prueba que nuestra trama mental es falsa.

Voy a tratar de ilustrar esto con un ejemplo:

Supongamos que tienes miedo a nadar.

Te aterra la idea de meterte en el mar porque te puedes ahogar (trama mental).

Paso 1: Empieza a buscar en tu pasado.

- ¿Cuándo empezaste a experimentar el miedo?

- ¿Qué experiencias has vivido que validan la trama mental?

Por ejemplo, puedes descubrir que una vez estabas en la playa con tu familia y alguien se ahogó ese día.

Paso 2: Identifica la experiencia que originó la trama.

También puedes descubrir que cuando tenías 6 años fuiste a una clase de natación y unos niños te estaban hundiendo, y desde ahí no quisiste ir más a la piscina.

Experiencias como estas pueden ser traumáticas y hacer que a temprana edad tomemos la decisión de que "nadar es peligroso", y a menudo mientras crecemos prestaremos especial atención a cualquier evento que confirme que "nadar es peligroso", lo que refuerza la trama mental.

Paso 3: Busca evidencia en tu vida o en la vida de otros de que la trama es falsa.

Así como pudiste haber vivido experiencias que "validan" la trama, también habrás ignorado muchas experiencias que la invalidan.

Por ejemplo, a lo mejor te bañas a menudo en la bañera de tu casa y no te ahogas.

Puedes empezar a prestar atención al hecho de que miles de personas van a la playa y no se ahogan.

Puedes ir un día a una piscina o a la playa a ver a la gente y darte cuenta de que más de 100 personas se meten al agua y nada les pasa.

La idea es que este ejercicio sea constante. Que cada semana agregues al menos dos evidencias nuevas que demuestren que la trama mental es falsa.

Por último, la Dra. Cibeles recomienda establecer un plan de acción que consiste en dar muy pequeños pasos, pero que estos pasos sean constantes y sostenidos. Es decir, algo como lo que expliqué en la Técnica de Exposición.

De esta manera se puede empezar con algo pequeño, que puede llevar a vencer algo grande.

# Conclusión

Enfrentar nuestros miedos es una tarea desafiante.

Pero las recompensas valen la pena.

Todo lo que queremos y soñamos está fuera de nuestra zona de confort, y para salir de ella vamos a tener que vernos cara a cara con nuestros miedos, que están ahí para poner a prueba nuestro nivel de deseo.

Espero que estas herramientas te sean de gran ayuda.

Pero hay una herramienta más que quiero poner a tu disposición:

He creado una comunidad en Facebook para los lectores de este libro.

El hecho de poder estar en comunidad es un aspecto poderoso para romper cualquier limitación.

La idea es que puedas compartir e interactuar con personas que están experimentando tus mismos desafíos y recorriendo tu mismo camino.

Poder tener personas que te apoyen, que puedan compartir herramientas, ideas sobre qué funciona y cómo funciona, serán elementos que van a incrementar potencialmente tus resultados.

Así que entra ya en este enlace y únete al grupo en Facebook:

**www.facebook.com/groups/como.vencer.el.miedo**

Por último, quiero pedirte que te tomes un minuto y me dejes una opinión positiva en Amazon.

Esas opiniones ayudan a que otras personas puedan obtener el libro y beneficiarse de los resultados.

¡Gracias!

Elvis D Beuses

Si conoces a alguien en los medios a quien le pudiera interesar entrevistarme o invitarme como conferencista a un evento, agradecería mucho si me pueden contactar a la dirección de correo electrónico: soporte@alcanzatussuenos.com

Tus contactos podrían ayudar a cambiar las vidas de personas que de otra manera no se enterarían de este libro.

También me puedes seguir en Instagram, Pinterest, Linkedin, Youtube y Facebook como @elvisdbeuses.

# Lecturas recomendadas de nuestro grupo:

### Libros de autoayuda y superación personal:

Amanecer Millonario. Ley de Atracción Avanzada

*Autora: Ronna Browning*

Cómo Controlar la Ansiedad y los Ataques de Pánico

*Autora: Ronna Browning*

Mindfulness en Español. Descongestiona tu mente.

*Autora: Ronna Browning*

La Receta Secreta Para Crear Una Vida Extraordinaria

*Autora: Teresa Lundy*

Cómo Dejar de Fumar

*Autora: Yazmin de la Cruz*

Cómo Superar Una Ruptura Amorosa

Autora: Ronna Browning

No Puedo Dormir

*Autora: Ronna Browning*

Cómo Mejorar La Autoestima

*Autora: Manuela Escobar*

Cómo Desarrollar Confianza en Sí Mismo

*Autora:* Tisa Ledford

**Libros para mejorar tus finanzas personales:**

Cómo Salir de Deudas Si No tengo Dinero

*Autor: David Emmied*

Cómo Ahorrar Dinero

*Autor: Ángel Miquel Pino*

Cómo Descubrir Ideas de Negocios Rentables

*Autor: Ángel Miquel Pino*

Ni Un Jefe Más

*Autor: Gustavo Adolfo Ávila*

7 Hábitos Inteligentes de Personas Que se Hicieron Millonarias

*Autor: Gustavo Adolfo Ávila*

Cómo Ganar Mucho Dinero Rápido Con Twitter

*Autor: Gustavo Adolfo Ávila*

Secretos Poderosos para una Administración del Tiempo Efectiva

*Autora: Teresa Lundy*

Redes Sociales: @elvisdbeuses

Made in the USA
Columbia, SC
04 December 2023

27790692R00043